AF311924

CATALOGUE

DE

BEAUX

MEUBLES ANCIENS

DES XVIIe ET XVIIIe SIÈCLES

BELLE COMMODE LOUIS XIV

Grandes Bibliothèques Louis XIV, en ébène

Commodes et encoignures Louis XV et Louis XVI, Médaillier

Toilettes, Nombreux Sièges, etc.

Groupes et Statuettes en ancienne porcelaine de Saxe

BOISERIES ET MEUBLES SCULPTÉS

Grande Cheminée *décorée de statues, sculptées par* **Dubois**, *artiste dijonnais*

Boiserie de Salon, Glaces et Consoles du XVIIIe siècle

BELLES TAPISSERIES

Panneau des Gobelins à décor dit Bérain, Deux Tapisseries Renaissance
Suite de Quatre Tapisseries flamandes à jolies bordures

Tenture en cuir peint gaufré et doré

Lustres en cristal de roche, Bronzes d'ameublement
Sculptures, Porcelaines et Faïences

Provenant en partie du Château de X···

ET DONT LA VENTE AURA LIEU

HOTEL DROUOT, SALLE N° 8

Les Vendredi 21 et Samedi 22 Décembre 1888

A DEUX HEURES

Me PAUL CHEVALLIER	**M. CHARLES MANNHEIM**
COMMISSAIRE-PRISEUR	EXPERT
10, rue de la Grange-Batelière. 10	7, rue Saint-Georges, 7

EXPOSITIONS

PARTICULIÈRE : *Le Mercredi 19 Décembre 1888, de 1 heure à 5 heures.*
PUBLIQUE : *Le Jeudi 20 Décembre 1888, de 1 heure à 5 heures.*

CONDITIONS DE LA VENTE

———

Elle sera faite au comptant.

Les adjudicataires payeront *cinq pour cent* en sus des enchères applicables aux frais.

L'exposition mettant le public à même de se rendre compte de l'état des objets, il ne sera admis aucune réclamation une fois l'adjudication prononcée.

Paris. — Imprimerie de l'Art, E. Ménard et Cⁱᵉ, 41, rue de la Victoire.

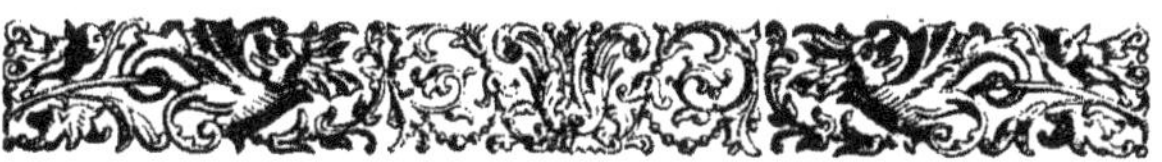

DÉSIGNATION DES OBJETS

TAPISSERIES

1 — BELLE TAPISSERIE DES GOBELINS de l'époque Louis XIV,
à décor dans le goût de Bérain, représentant des jeunes
femmes costumées à l'orientale et enguirlandant un her-
mès placé sous un élégant portique à colonnettes bleues
surmonté de paons et de motifs ornementaux ; le tout
ressortant sur un fond havane clair.

Cette tapisserie est entourée d'une riche bordure fond
blanc, composée de cariatides chimériques, de personnages vêtus à l'orientale, d'oiseaux, de sphinx, de vases
et de guirlandes reliés par des rinceaux.

Haut., 3 m. 10 cent.; larg., 3 m. 70 cent.

2 à 5 — SUITE DE QUATRE TAPISSERIES FLAMANDES du XVIIᵉ
siècle, représentant de gracieuses compositions mythologiques dans le goût de Van Thulden, où se voient
Diane, Cérès et d'autres déesses de la fable, entourées
de leurs compagnes, dans de riants paysages, décorés de
palais, de fontaines monumentales, etc.

Ces tapisseries sont encadrées de jolies bordures com-
posées de bouquets, de guirlandes et de corbeilles de
fleurs, de perroquets, de chiens, etc.

2 — Haut., 3 m. 10 cent.; larg., 5 m. 10 cent.

3 — Haut., 3 m. 10 cent.; larg., 4 m. 40 cent.

4 — Haut., 3 m. 10 cent.; larg., 3 m. 90 cent.

5 — Haut., 3 m. 10 cent.; larg., 3 m. 40 cent.

6 — TAPISSERIE DES GOBELINS de l'époque Louis XIV, représentant une allégorie aux sciences figurées par des groupes d'enfants environnés de livres, sur la terrasse d'un parc.

Haut., 2 m. 40 cent.; larg.. 3 m. 20 cent.

7-8 — DEUX CURIEUSES TAPISSERIES Renaissance, représentant des chasses au cerf, avec de nombreux personnages en costumes Louis XII. Le fond est parsemé de fleurs et d'arbres ressortant sur un champ bleu.

Haut., 3 mètres; larg.. 4 m. 80 cent.

9 — Feuille d'écran Louis XIII en tapisserie au point, représentant Pyrame et Thisbé, et des encadrements à fleurs et rinceaux.

10 — Feuille d'écran en satin blanc brodé de soie : figures, kiosques chinois, arbustes.

11 — Tableau en broderie de soie et de fils métalliques, représentant dans un cartouche le Jugement de Salomon, encadré de motifs à guirlandes et cornes d'abondance. XVIIe siècle.

CUIR

12 — TENTURE EN BEAU CUIR du XVIIe siècle, composée de compartiments peints, à figures costumées à l'orientale, placées dans de riches encadrements gaufrés, dorés et relevés de couleur, à motifs de fleurs, rinceaux, quadrillés et ornements Louis XIV.

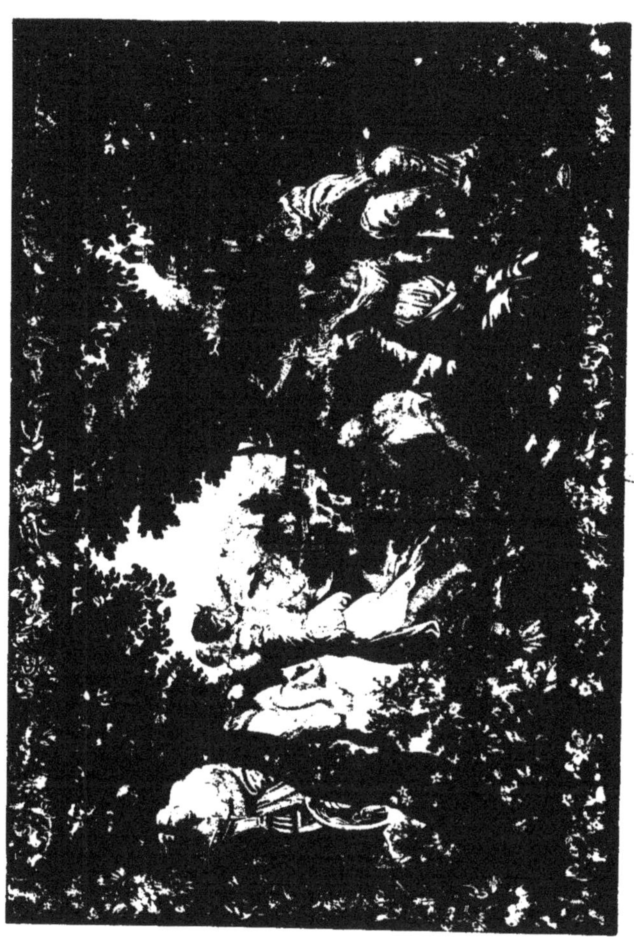

MEUBLES ANCIENS

13 — BEAU MEUBLE de l'époque Louis XIV, en forme de commode rectangulaire, plaqué d'ébène, décoré d'une marqueterie de *Boulle*, cuivre sur écaille, et garni de cuivres ciselés; il est élevé sur quatre pieds hauts, contournés. La face principale présente un rang de deux tiroirs marquetés d'arabesques, encadrés de moulures de cuivre et séparés par une rosace sur laquelle est appliqué un mascaron de bronze. Les faces latérales ont une ornementation analogue, et de larges feuilles d'acanthe en bronze revêtent les pieds du meuble. Tablette en porphyre rouge d'Orient encastrée dans un cadre de cuivre à moulures.

Haut., 83 cent.; long., 1 m. 36 cent.; larg.. 61 cent.

14 — DEUX GRANDES BIBLIOTHÈQUES ou armoires à portes vitrées dans le haut, en bois d'ébène, incrusté de filets de cuivre, et garnies d'appliques et de moulures en cuivre; la corniche est cintrée. Époque Louis XIV.

Haut., 2 m. 75 cent.; larg., 1 m. 55 cent.

15 — BELLE COMMODE de l'époque Louis XV, de forme contournée, plaquée de bois rose et garnie de cuivres poinçonnés au C couronné : chutes, sabots, entrées et poignées composés de rocailles et de feuillages. Tablette de marbre bordée d'un quart de rond.

Larg., 1 m. 35 cent.

16 — Deux encoignures Louis XV, à portes contournées, en marqueterie de bois, à damier et treillis; dessus en marbre brèche d'Alep.

17 — GRAND ET BEAU MEUBLE du temps de Louis XV, en
laque noir, richement garni de bronzes ciselés. Il est
divisé dans sa largeur en trois compartiments dont l'un,
placé au centre, forme secrétaire, et les deux autres des
armoires. Ce meuble, qui a appartenu à *Honoré-Ga-
briel Riquetti, comte de Mirabeau*, est surmonté d'une
tablette de marbre blanc.

Haut., 0 m. 48 cent.; larg., 1 m. 72 cent.

18 — Secrétaire d'enfant, en bois rose et palissandre. Époque
Louis XVI.

19 — Commode Louis XV, de forme contournée, en bois de
placage, garnie de cuivres et à dessus de marbre rouge.

20 — Commode, étroite, de même époque, à deux tiroirs et
à dessus de marbre gris.

21 — Cabinet Louis XIII, en bois noir, fermant à deux van-
taux, et son support à pieds tournés.

22 — Médaillier, à façade décorée de deux portes en ébène,
provenant d'un cabinet Louis XIII, et présentant deux
bas-reliefs : la Fuite de Loth, le Jugement de Salomon,
encadrés de moulures guillochées et de compartiments
gravés.

23 — Petit médaillier en forme de commode d'enfant, plaqué
de bois rose. Époque Louis XV.

24 — Encoignure Louis XV, à portes contournées, en bois
satiné et à dessus de marbre.

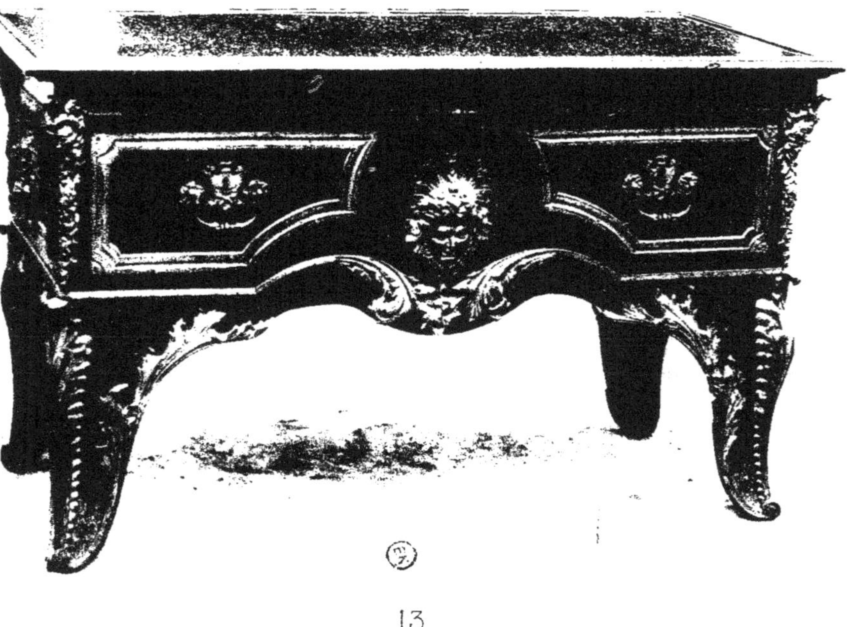

13

25 — Petit miroir Louis XIII, à coins coupés et à fronton, dans un encadrement en cuivre estampé et doré.

26 — Table de toilette en bois violette et marqueterie de bois clair, à bouquets de fleurs, chutes et sabots en cuivre. Époque Louis XV.

27 — Bureau Louis XV, à dos d'âne.

28 — Petit médaillier fermant à deux portes.

29 — Table de nuit Louis XV, en bois rose.

30 — Petite table-bureau, en forme de rognon, sur pieds légèrement courbés. Époque Louis XV.

31 — Deux portes de meuble flamand, peintes en grisaille : cartouches à sujets mythologiques.

BOISERIES ET MEUBLES SCULPTÉS

32 — BELLE CHEMINÉE monumentale en bois sculpté, par JEAN DUBOIS, célèbre artiste dijonnais de l'époque Louis XIV. Elle est décorée de branches et de tores de chêne et de laurier, et le manteau offre un cadre d'oves en ressaut destiné à contenir une peinture. Deux belles statues, grandeur nature, d'enfants-génies forment supports à ce cadre et reposent sur le bandeau qui est soutenu par deux consoles enguirlandées, à volutes et feuilles d'acanthe. Cette cheminée est peinte en gris.

Haut.. 3 m. 70 cent.; larg., 2 m. 40 cent

33 — LAMBRIS. Revêtement d'un mur de salon, en bois
sculpté, de même travail que la cheminée qui précède,
composé d'un soubassement, de frises à trophées d'ar-
mures, et de moulures d'encadrements faites de feuilles
de chêne et de laurier.

Haut., 3 m. 70 cent.; larg., environ 7 m. 50 cent.

34-35 — Deux jolies consoles du temps de la Régence, en
bois sculpté et doré, à bandeaux ajourés, supportés par
deux pieds contournés, à volutes et feuillages. Dessus de
marbre blanc.

36 — Console d'encoignure de l'époque Louis XVI, en bois
sculpté et doré, à ceinture ajourée, branches feuillues et
pieds figurés par des touffes de roseaux, reliés par une
traverse supportant un vase. Tablette en marbre griotte.

37-38 — Deux consoles rectangulaires, de même ornementation que celle qui précède.

39 — Petite console d'encoignure supportée par un seul
pied.

40-41 — Deux grandes glaces de l'époque Louis XV, dans
des encadrements dorés et peints en blanc à moulures,
rocailles et guirlandes de fleurs surmontées de trumeaux
décorés d'attributs champêtres.

42 — Glace Louis XVI, avec son encadrement doré et peint
en blanc à moulures ornées, branches de fleurs et tru-
meau représentant des instruments de musique.

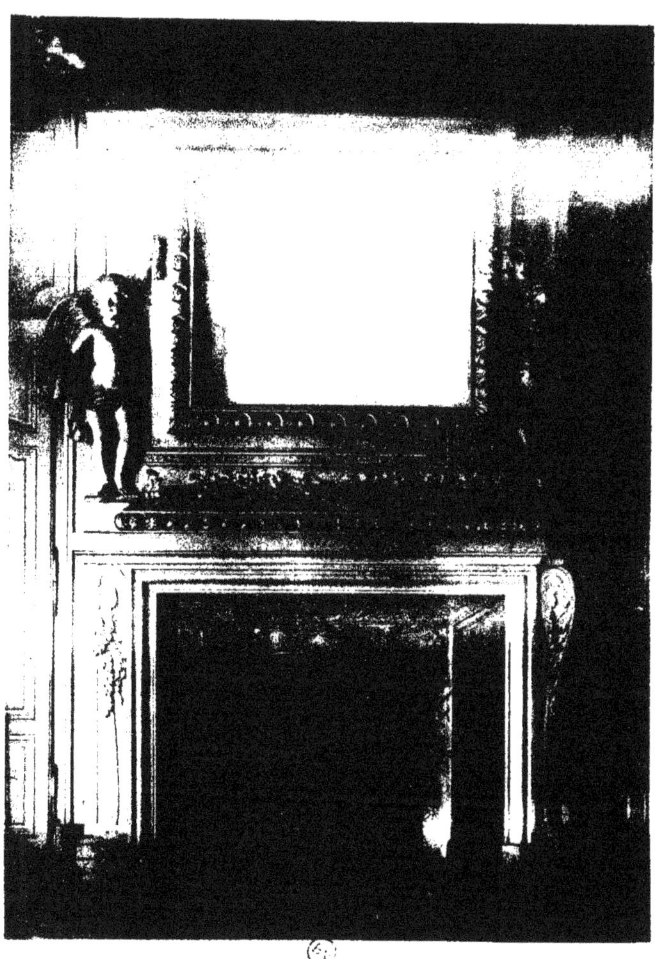

43 — Grande table-console du XVIIe siècle, en bois sculpté
et peint en gris; les pieds, légèrement cambrés, sont
décorés de feuilles d'acanthe; tablette de marbre très
épaisse bordée d'un quart de rond.

Long., 1 m. 95 cent.; larg., 77 cent.

44 — Coffre en chêne décoré, sur la façade, de six panneaux
du XVIe siècle, à candélabres, chimères et arabesques.

45 — Plusieurs cadres anciens en bois sculpté, cadres de
tableaux, de Christ, etc.

46 — Baromètre Louis XVI, en bois sculpté, peint en blanc
et rehaussé de dorure à festons de fleurs et ornements.

SIÈGES

47-48 — Douze fauteuils du XVIIe siècle, en noyer, à accou-
doirs et pieds cambrés, recouverts en tapisserie au petit
point, à gros bouquets de fleurs en couleur sur fond
clair.

49 — Chaise également couverte en tapisserie au point.

50 — Dos de siège en tapisserie au point, représentant Jésus
et trois anges.

51 — Deux chaises anciennes couvertes en velours, à raies,
bleu et rouge.

52 — Chaise Louis XVI, en noyer, à pieds et montants can-
nelés, et dossier en forme de lyre.

53 — Canapé en bois sculpté et foncé de canne. Époque
Louis XV.

54 — Dix-huit fauteuils du xviiie siècle, sculptés à feuilles
et coquilles, peints en gris et foncés de canne. (Ce lot
sera divisé.)

55 — Chaise sculptée et foncée de canne.

56 — Fauteuil de bureau du temps de Louis XV, sculpté,
peint en blanc et foncé de canne.

57 — Chaise Louis XIV, à pieds contournés reliés par une
entretoise, et couverte en tapisserie à fleurs sur fond
bleu.

58 — Divan en bois doré, couvert en soie Louis XVI.

59 — Chaise longue Louis XVI, en trois parties.

60 — Chaise-chauffeuse Louis XVI, recouverte en tapisserie
au petit point.

61 — Deux grands fauteuils de l'époque Louis XIV, non
garnis, en noyer sculpté, à coquilles et feuilles d'acanthe.

62 — Fauteuils et chaises de diverses époques.

BRONZES D'AMEUBLEMENT

63 — Lustre en bronze à deux rangs de lumières, composé
de cinq couronnes suspendues à des tiges, entièrement

garni de cristaux de roche; grosse boule, petites boules,
pendeloques piriformes unies, pendeloques à facettes et
grains d'enfilage.

Haut., environ 1 m. 50 cent.

64 — Deux appliques formées chacune d'un demi-lustre,
assorties au lustre qui précède.

Haut., 85 cent.

65 — Petit lustre à six lumières, du XVIIe siècle, à douilles
en bronze doré, composé de grains d'enfilage, de rosaces
et de plaquettes biseautées en cristal de roche.

66 — Deux chenets de l'époque Louis XVI, en bronze ciselé
et doré d'un élégant modèle : vase à flammes et à anses,
têtes de béliers, reposant sur des piédestaux ronds
enguirlandés.

67 — Deux paires de flambeaux Louis XVI, à cannelures,
feuilles et perles, en cuivre argenté.

68 — Deux girandoles Louis XVI, à trois lumières, en cuivre
ciselé et argenté.

69 — Plusieurs paires de flambeaux anciens.

70 — Lampe en bronze italien, formée d'un sphinx.

SCULPTURES

71 — MARBRE BLANC. Médaillon ovale, buste de Louis XIV,
de profil, à droite, en bas-relief. Sculpture du temps.

Haut., 50 cent.

72 — TERRE CUITE. Statuette de chasseur au repos, les deux
mains sur son fusil, son chien à ses pieds. Il est debout
contre un arbre. Sculpture de l'époque Louis XV.

73 — BOIS SCULPTÉ. Quatre aigles dorés.

74 — BOIS SCULPTÉ. Figurine-applique de Sainte Femme
agenouillée, auprès d'une tour. Travail français du
XVIᵉ siècle.

75 — BOIS SCULPTÉ. Console-applique du XVIIᵉ siècle, à décor
de chérubins, de feuilles et de rinceaux.

76 — Petit panneau de forme contournée, sculpté en bas-
relief, et représentant la Visitation ; il est entouré de
branches de marguerites et de feuillages. XVIIᵉ siècle.

77 — MARBRE BLANC. Buste de Louis XI, petit bas-relief,
dans un cadre du XVIIᵉ siècle, sculpté et doré.

78 — BOIS SCULPTÉ. Groupe : Saintes Femmes et Apôtres.
XVIᵉ siècle.

79 — BOIS SCULPTÉ. Haut-relief : le Repos chez Simon.

80 — Bas-relief à figures grotesques : Guitariste et dan-
seuse.

OBJETS DE VITRINE

ET CURIOSITÉS DIVERSES

81 — GRANIT ROSE D'ORIENT. Obélisque **sur piédestal carré** de même matière.

Haut., 1 m. 12 cent.

82 — Petit cadre du XVIIIe siècle, à fronton en ébène incrusté de filets d'étain et décoré de plaquettes de lapis.

83 — Boîte ronde en buis sculpté et à couvercle, représentant en bas-relief : Suzanne et les .illards. XVIIe siècle.

84 — Deux assiettes en émail peint de la Chine, fleurs et quadrillages.

85 — Deux assiettes en étain à médaillons : Figures équestres de princes allemands.

86 — Cuillère en argent gravé et doré.

87 — Deux outils Louis XIII, scie et couperet, à manches d'os gravés.

88 — Deux petits bustes en ivoire, sur socles en bois doré.

89 — Assiette en étain, à bord lobé et à décor d'armoiries.

90 — Plaque de cuivre repoussé : le Jugement de Pâris.

91 — Trois médailles en bronze : Charles-Quint empereur,
bronze doré ; — Louis XIII, et Anne d'Autriche, par Dupré, bronze doré ; — Henri IV et Marie de Médicis, par
Dupré.

92 — Deux petites bourses du xvi⁰ siècle, tissées or et argent,
à armoiries et ornements, et une petite aumônière du
xvii⁰ siècle, en velours bleu fleurdelisé en broderie
dorée.

93 — Trois manches de couteau en porcelaine de Saxe gau-
frée et décorée de fleurs.

94 — Pertuisane à fer gravé et doré, du xvii⁰ siècle.

95 — Pique de même époque, à fer gravé et doré.

96 — Armet et gantelet.

97 — Paire d'éperons du xvii⁰ siècle, en fer gravé et doré.

98-99 — Deux buffles sans manches. xvii⁰ siècle.

100 — Grand bassin rond en cuivre repoussé, à ombilic,
décoré de médaillons à figures mythologiques, de groupes
de fruits et d'ornements Renaissance.

Diam., 58 cent.

101 — Hanap en forme de casque, en cuivre argenté. xvii⁰
siècle.

102 — Grand plat rond à armoiries gravées, en cuivre argenté. xvii⁰ siècle.

103 — Tableaux : Deux Scènes d'intérieur, dans la manière de Dirk Hals, avec cadres anciens en bois sculpté.

104 — Tableau : Jeux d'enfants, de l'école des Franck, dans un cadre surmonté de branchages en bois sculpté.

105 — Plusieurs tableaux sous ce numéro.

106 à 110 — Environ trente-deux petits bronzes : statuéttes, bustes, animaux et fragments.

111 — Divers objets : briquet en fer, cadre, dessus de boîte, etc., etc.

ANCIENNES PORCELAINES DE SAXE

112 — Deux beaux bustes de fillettes, en vieux Saxe, finement décorés en couleur et reposant sur des socles à bouquets de fleurs, encadrés de rocailles en relief. Première grandeur. Belle qualité.

Hauteur totale, 25 cent.

113 — Jolie pendule de vieux Saxe, décorée en couleur avec rehauts d'or et historiée de trois figurines. L'Amour qui voltige enguirlande le cadran encadré de rocailles, posé sur les ailes du Temps et surmonté d'une déesse agitant une draperie et assise sur une sphère ailée. Époque Louis XV.

Haut., 45 cent.

114 — Deux beaux candélabres en vieux Saxe, à trois lumières chaque, formés de tiges contournées, enguirlandées de fleurettes en couleur, avec rehauts d'or. Sur les terrasses sont assises des figurines : Vénus et Diogène. Belle qualité. Époque Louis XV.

Haut., 32 cent.

115 — Candélabre à cinq lumières, à douilles de bronze doré, supportées par des branches de fleurs s'échappant d'une terrasse rocaille sur laquelle est assise une figurine de Minerve. Vieux Saxe décoré en couleur avec rehauts d'or.

Haut., 36 cent.

116 — Deux petits flambeaux buissons de fleurs ; sur une terrasse, un oiseau ; sur l'autre, un chien. Vieux Saxe.

Haut., 15 cent.

117 — Deux porte-fleurs, en forme de courges, en vieux Saxe, enveloppés de branchages et de fleurettes en relief, émaillés en couleur. Couvercles et socles en bronze doré.

Haut., 17 cent.

118 — Joli groupe de deux figurines émaillées en couleur avec rehauts d'or : Arlequin embrassant une jeune fille portant une cage. Vieux Saxe.

Haut., 17 cent.

119 — Groupe de deux enfants soutenant un cartouche encadré de rocailles. Vieux Saxe.

Haut., 13 cent.

120 — Beau groupe de trois figurines décorées en couleur :
l'Heureuse Mère. Vieux Saxe.

Haut., 18 cent.

121 — Groupe de deux figurines décorées en couleur :
Berger offrant des fleurs à une bergère assise, jouant
de la mandoline. Vieux Saxe.

Haut., 13 cent.

122 — Groupe décoré en couleur : Colombine donnant des
fruits à des perruches est surprise par Arlequin. Vieux Saxe.

Haut., 18 cent.

123 — Deux jolis groupes composés chacun d'une dame
chinoise et de deux enfants, vieux Saxe, décoré en émaux
de couleur : socles à rocailles en bronze doré.

Haut., 19 cent.

124 — Deux groupes de deux enfants chaque, symbolisant
les quatre saisons, en vieux Saxe, décorés en couleur et
rehauts d'or.

Haut., 26 cent.

125 — L'un des groupes qui précèdent : l'Été et l'Automne,
avec quelques variantes.

Haut., 26 cent.

126 — Groupe de deux enfants : la Peinture et la Sculpture.
Vieux Saxe.

Haut., 24 cent.

127 — Groupe de deux Enfants enlacés, en vieux Saxe :
Flore et l'Amour, sur terrasse rocaille. Décor en couleur
avec rehauts d'or.

Haut., 20 cent.

128 — Groupe de trois figurines en vieux Saxe, décoré en couleur et rehaussé de dorure : deux Danseurs et un Joueur de mandoline assis par terre.

Haut., 13 cent.

129 — Groupe : les Amants : deux figurines et un petit chien, devant une tonnelle. Vieux Saxe décoré en couleur avec rehauts d'or.

Haut., 15 cent.

130 — Figurine de Turc, conduisant par la bride un cheval blanc qui se cabre. Vieux Saxe.

Haut., 27 cent.

131 — Figurine de Pomone, debout, contre un autel supportant un compotier dans lequel elle prend des fruits. Vieux Saxe.

Haut., 28 cent.

132 — Groupe de quatre figurines : les Ruses des Amours. Vieux Saxe décoré en couleur et rehaussé de dorure.

Haut., 19 cent.

133 — Figurine de bergère, à corsage bleu et jupe couverte de fleurs ; elle est debout avec des fleurs dans son tablier ; un mouton est couché à ses pieds. Terrasse rocaille. Vieux Saxe, à décor en émaux de couleur avec rehauts d'or.

Haut., 28 cent.

134 — Figurine de jeune fille debout, coiffée d'un chapeau Louis XV, vêtue de blanc, de rose et de jaune et portant un agneau. Fin décor en couleur avec rehauts d'or.

Haut., 30 cent.

135 — Deux figurines en vieux Saxe, décorées en couleur
avec rehauts d'or : Berger tenant un nid, Bergère tenant
une cage.

Haut., 22 cent.

136 — Figurine allégorique : la Force. Saxe émaillé en
couleur avec rehauts d'or.

Haut., 28 cent.

137 — Figurine d'Arlequin, en costume mi-partie unie et
mi-partie losangée. Saxe émaillé en couleur.

Haut., 18 cent.

138 — Arlequin à culotte noire, tirant la queue d'un chien.
Vieux Saxe, modèle rare.

Haut., 17 cent.

139 — Figurine : Personnage de la Comédie italienne, vêtu
de noir. Vieux Saxe.

Haut., 16 cent.

140 — Autre, en pourpoint lilas à passementerie dorée, le
chapeau à la main.

Haut., 13 cent.

141 — Deux figurines, en regard : Berger jouant du flageolet.
Bergère pinçant de la mandoline. Ancienne porcelaine
de Ludwigsburg.

Haut., 15 cent.

142 — Deux figurines en pendant : Pêcheur et Pêcheuse.
Ancienne porcelaine de Ludwigsburg.

Haut., 17 cent.

143 — Jolie boite chantournée, en vieux Saxe, finement décorée de paysages avec figures. Monture en vermeil.

144 — Boite rectangulaire en vieux Saxe, décorée extérieurement de groupes de volatiles, et à l'intérieur du couvercle d'un sujet : le Menuet. Monture en or gravé.

145 — Autre boite rectangulaire en vieux Saxe, décorée de scènes militaires. Monture à cage en vermeil.

146 — Boite, de même forme, à sujets galants dans le goût de Watteau. Monture en argent doré.

PORCELAINES DE LA CHINE, DU JAPON
ET AUTRES
FAÏENCES DIVERSES

147 — Grand vase couvert, à huit pans, en ancienne porcelaine du Japon, à décor de chrysanthèmes en bleu, rouge et or. Le couvercle est surmonté d'un coq.

Hauteur, y compris le couvercle, 47 cent.

148 — Autre vase de même porcelaine, à décor de fleurs, peintes en dorure, dans des réserves ressortant sur un fond bleu, couvert de feuillages dorés.

149 à 160 — CENT VINGT ASSIETTES d'ancienne porcelaine de Chine, variées de dessin et décorées en émaux de couleur.

161 — Grand plat rond d'ancienne porcelaine du Japon, décoré en bleu, rouge et or, à large médaillon, vase rempli de pivoines, avec pourtour à réserves et à fond bleu.

162 — Deux plats ronds en vieux Chine, décorés de fleurs arabesques en bleu, rouge et or. Le marli, à fond d'or, offre une armoirie.

163 — Soupière couverte à dragons et fond bleu à décor de pivoines.

164 — Plat rond en vieux Japon, à décor de chrysanthèmes et d'oiseaux en bleu, rouge et or.

165 — Assiette et compotier en Chantilly, à fleurs et filets bleus.

166 — Trois assiettes en porcelaine tendre, à nervures gaufrées en spirale, décor à fleurs en couleur.

167 — Lots d'assiettes en ancienne porcelaine de Chine et du Japon, variées de décor.

168 — Dix assiettes de Saxe, à marlis gaufrés en vannerie et décor à fleurs.

169 — Plat rond en vieux Chine, décor bleu à fleurs, rosace centrale et compartiments radiés.

170 — Deux buires, forme casque, en porcelaine de l'Inde. décor à fleurs.

171 — Deux sucriers couverts en Chine, décor à fleurs et papillons.

172 — Trois figurines de vieux Saxe : Joueurs de cornemuse et la Vieillesse.

173 — Pot de toilette couvert en porcelaine tendre de Chantilly, décor polychrome à cigognes et plantes.

174 — Sucrier cylindrique à deux anses et à couvercle plat en Chine, décor à bouquets en émaux de couleur.

175 — Lots d'assiettes d'ancienne porcelaine de l'Inde et du Japon.

176 — Lot de plats ronds à bords festonnés, et deux saucières à décor de bleuets, dit Barbot, et à filets bleus.

177 — Bannette octogonale et à deux anses en faïence de Rouen, décorée en bleu et rouge ; corbeille de fleurs et bordure.

178 — Porte-fleurs en faïence de Nevers, décorée en bleu.

179 — Garniture de trois porte-bouquets, l'un rectangulaire, les deux autres carrés, en faïence de Lorraine, finement décorés de bouquets de fleurs en couleur, d'ornements et de hachures carmin.

180-181 — Nevers. Deux plateaux sur pieds, décorés en bleu dans le goût chinois.

182 — Vase à deux renflements, décor bleu de style chinois.

183 — Vase ovoïde, décor bleu, figures et plantes.

184 — Delft. Deux plats décorés en bleu, rouge et vert.

185 à 188 — STRASBOURG. Deux grands plats longs, quatre moyens, un grand plat rond à bords festonnés, décor à fleurs.

189 — NEVERS. Vase, décoré en bleu, à bouquets.

190 — STRASBOURG. Six compotiers carrés, décor à figures et hachures roses au bord.

191 — Guéridon octogone à pied, en faïence de Rouen, décoré en bleu.

192 — Petit vase, en faïence de Delft, décor bleu, branchages et papillons.

193 — Vase ovoïde, décor bleu à lambrequins et feuilles.

194 — Théière de forme chinoise en terre rouge de Meissen (?) émaillée noir et décorée de gravures en intaille.

195 — Théière à quatre pans, en terre rouge, émaillée noir et à décor de plantes en dorure, dans le goût chinois.

196 — Tasses, soucoupes et théières en porcelaine de Chine.

197 — Trois plats en faïence de Delft, décor polychrome, dit au Tonnerre.